8 yh pièce 109

Nancy
1881

Goethe, Johann Wolfgang von

mon Journal

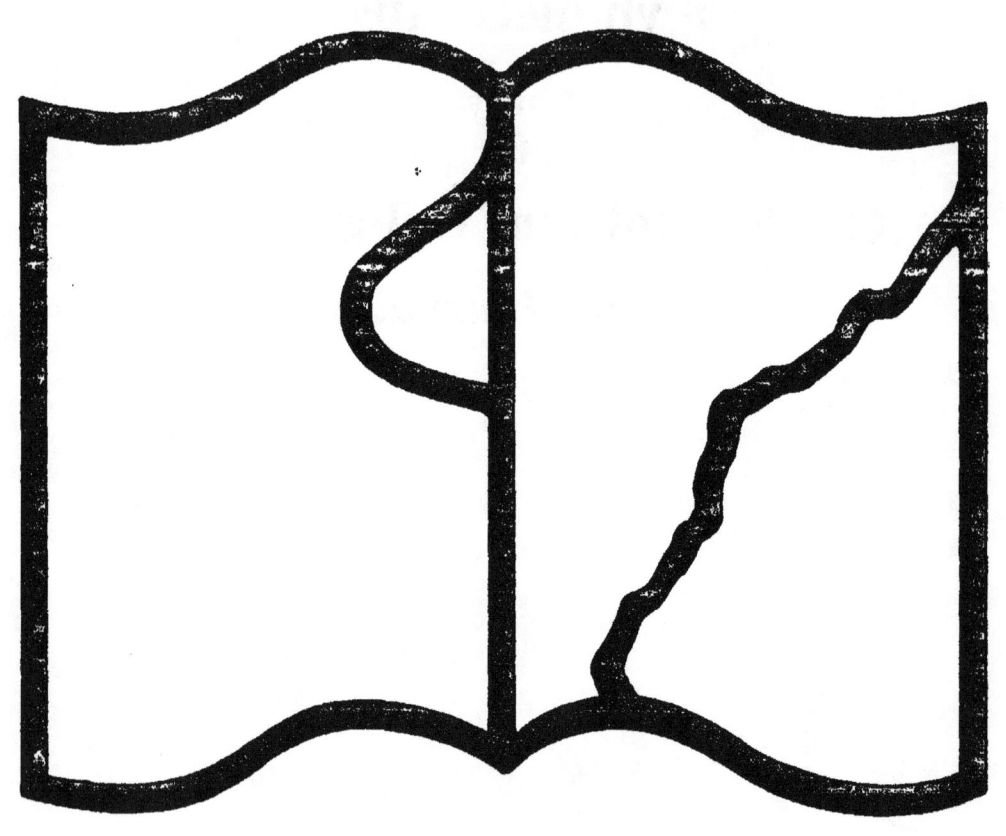

**Symbole applicable
pour tout, ou partie
des documents microfilmés**

Texte détérioré — reliure défectueuse

NF Z 43-120-11

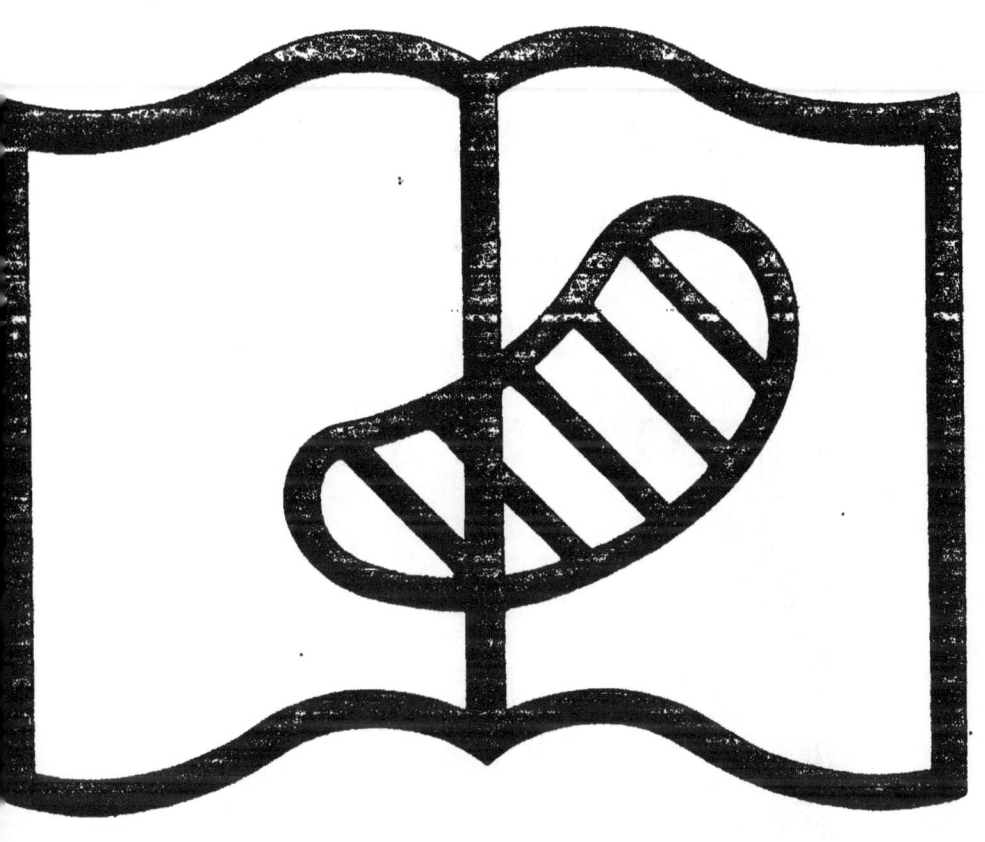

Symbole applicable
pour tout, ou partie
des documents microfilmés

Original illisible

NF Z 43-120-10

MON JOURNAL

J.-W. v. GOETHE

MON

JOURNAL

TRADUIT

PAR UN STRASBOURGEOIS

NANCY
IMPRIMERIE BERGER-LEVRAULT ET Cⁱᵉ
18, RUE JEAN-LAMOUR, 18

1881

NOTICE

QUAND Goethe, en 1810, eut composé la charmante gauloiserie que j'ai essayé de traduire, il en exprima son contentement à Riemer, son secrétaire, et plus tard, à son familier Eckermann. Mais sachant que « les bons Allemands ne comprennent pas la plaisanterie »; qu'ils n'accordent leur estime publique qu'à la « littérature des pensionnats de demoiselles », il garda pour lui ses magnifiques stances, plus timide en cela que Schiller, qui, paraît-il, avait jadis déploré la suppression de deux pièces analogues dans les *Élégies romaines*.

Pendant de longues années le poëme vécut à

l'état de manuscrit, connu seulement de certains littérateurs et, naturellement, de tous les goethomanes. En 1875 il fut ajouté à une édition des œuvres complètes, et en 1879 il parut enfin sous forme de plaquette à Vienne.

Ah! que le grand cosmopolite connaissait bien les compatriotes au milieu desquels il avait été condamné à voir le jour! La police de Vienne, jugeant que ce gracieux badinage sortait du cadre puéril et honnête, s'en effaroucha au point de confisquer la brochure. Peu après, la police de Coblentz, jalouse d'un exploit aussi méritoire pour les bonnes mœurs allemandes, voulut faire mieux : pour les dix pages incriminées, elle saisit les œuvres complètes, soit dix gros volumes.

Par piété filiale, l'opinion publique voulut bien tenir compte du nom de l'auteur et fit lever ces confiscations, sans ménager toutefois ses flétrissures aux éditeurs qui s'étaient permis de mettre au jour un péché mignon du maître. Cependant la police de Coblentz ne put se résoudre à lâcher prise tout à fait; elle restitua les œuvres complètes, mais elle en défendit la vente!

En ce temps de civilisation raffinée, les âmes pudibondes auront du moins cette consolation, de pouvoir se dire que, lorsque toute pruderie aura disparu du monde, il en restera encore des traces dans les bureaux de police de la chaste Allemagne.

Et c'est parce que les Allemands ont failli traduire en police correctionnelle une œuvre de leur plus grand poëte, que je me suis fait un plaisir de la traduire... en français, pour réparer, selon mes faibles moyens, une profanation aussi ridicule qu'anti-littéraire.   J. F.

Nancy, décembre 1880.

MON JOURNAL

...aljam tenui; sed iam quum gaudia adirem,
Admonuit dominæ deseruitque Venus.
Tib. l. 5. v. 39. 40.

L E cœur de l'homme est tout mystère,
  Prétend le philosophe austère;
Du nord au sud, au pôle, à l'équateur,
Point de mortel qui ne soit un pécheur.
  Or, s'il en est ainsi, je pense
  Qu'une mutuelle indulgence
  Contribue au commun bonheur.
Souvent, d'ailleurs, quand le démon nous tente,

Quelque vertu secrète se présente
A temps pour sauver notre bonheur.

❖

Depuis de nombreux jours loin de ma bien-aimée,
Pris par l'ambition, cette vile affamée,
  Malgré le sincère plaisir
  Que j'éprouvais à réussir,
  Je songeais sans cesse à ma belle.
Et tous les soirs, quand le ciel s'étoilait,
Mon cœur, prenant l'essor, vers le sien s'envolait.
Alors je retraçais, d'une plume fidèle,
  Sur le journal que je tenais pour elle,
  Tous les petits évènements du jour,
  Dont je formais une image agréable.
  Entre amoureux, un rien est remarquable,
    Car tout se rapporte à l'amour.

❖

  J'étais alors sur mon retour.
Ma voiture brisée, au tout dernier village
Devait me retarder encore pour la nuit.
Déjà du doux foyer j'entrevoyais l'image,

Quand par cet accident elle s'évanouit,
Et lorsqu'au forgeron je contai l'aventure,
    D'un air pressé, comme on se le figure,
        Rien ne me servit de prier,
        De stimuler cet honnête ouvrier.
D'une froide inertie offrant la résistance,
        Tranquille et calme il faisait son métier
        En m'engageant à prendre patience.
Je dus céder à ce flegme étonnant.

※

        Me voilà donc sur place, bougonnant,
            Forcé de me chercher un gîte.
        Une enseigne voisine à point me sollicite,
            Et je m'y rends en soupirant.
        L'auberge était d'un aspect rassurant.
        Je fus reçu par une demoiselle,
            Gracieuse apparition,
            Qui vint allumer la chandelle
            Et lier conversation.
Son charme eut pour effet de me remettre à l'aise,
En me débarrassant de mon humeur mauvaise.
        Chambre, service, ameublement,

Tout me plaisait infiniment.
L'homme peccable qui voyage,
A la beauté croit devoir rendre hommage,
Et la beauté le prend dans ses filets.

✤

Il était tard, et sans plus de délais,
Je résolus, ce soir, ainsi que de coutume,
De babiller au courant de la plume,
Tandis que les humains dormaient,
Avec ma bien-aimée et fidèle compagne.
Mais mon esprit, distrait et battant la campagne,
Dans les phrases qui se formaient,
Bien malgré moi, mettait un ton de sécheresse ;
Enfin, je rédigeais mon journal sans ivresse.

✤

La fillette bientôt, d'un air de dignité,
Vient servir mon repas avec agilité.
Elle va, puis revient ; quand je la questionne,
Sa voix comme un doux chant dans mon âme résonne.
J'observe chaque mouvement

De sa main, qui légèrement
Me dépèce un poulet au fumet délectable.
Jamais je n'éprouvai tant de plaisir à table.
Ce bien-être bientôt produisit son effet.
    Je me trouble, bref, c'en est fait
    De ma raison, et, ne vous en déplaise,
D'un bond passionné je renverse ma chaise,
    Et je saisis la belle enfant,
    Qui bien faiblement se défend,
Me disant : « Laisse-moi ! » d'une voix suppliante :

    « *Je crois entendre en bas ma tante,*
    Un vieux dragon, sans relâche aux aguets,
Dont les emportements pour moi ne sont pas gais;
Elle sait les calmer par de bons coups de verge.
    Cependant ne t'enferme pas;
Quand je n'entendrai plus aucun bruit dans l'auberge,
    Je dissimulerai mes pas
    Et vers minuit je reviendrai peut-être. »
Puis, doucement, elle échappe à mes bras
Et descend. Pour servir je la vois reparaître,
    Puis repartir, puis revenir,

Et chaque fois, la céleste promesse
De réaliser mon désir
Se trahit d'une œillade, ou par un doux soupir ;
Et je vois ce beau sein, que mon regard caresse,
Monter et descendre sans cesse ;
Je vois l'amoureuse rougeur
Qui, sur son cou, sur la nuque, à l'oreille,
S'épanouit comme une fleur vermeille.
Que je me réjouis de cueillir cette fleur !

❦

Mais il faut qu'enfin l'on se quitte.
Gare aux soupçons pour un si grand retard !
Elle part, se retourne, hésite,
Et disparaît après un long regard.

❦

Minuit, l'heure mystérieuse,
Dans les maisons, par les chemins,
Sous son charme tient les humains.
Pourtant, ma couche spacieuse,
Ce lit moelleux, largement découvert,

Est encore vierge et désert,
Et je mesure et je contemple
La place que l'amour me réserve en son temple,
Qui n'est point celui du sommeil.

De la prudence écoutant le conseil,
Je vais éteindre la lumière,
Quand j'entends à ma porte une rumeur légère.
J'ouvre, c'est elle! oui, elle vient enfin,
Qui se penche vers moi, se livrant tout entière;
Et je parcours des yeux ce corps divin,
Et je serre en mes bras les trésors adorables
De ces formes incomparables.

Mais elle se dégage : « Avant de me donner
Tout étrangère à toi, pour ne pas t'étonner,
Car j'ai contre moi l'apparence,
Laisse-moi dire un mot pour ma défense.
Jamais mon cœur, plein de timidité,
Par des besoins d'amour ne fut sollicité,

Et me voyant toujours en solitude,
Les gens d'ici me surnomment la prude.
Mais toi, comme un vainqueur, tu n'as eu qu'à venir,
Pour que mon plus doux vœu soit de t'appartenir.
Tu me possèdes pure, et je voudrais connaître
Ce que l'amour conseille aux amoureux,
Pour te consacrer tout mon être
Et faire mon bonheur en te rendant heureux. »

Puis la charmante enfant se serre à ma poitrine,
Y pressant ses seins palpitants,
Et recevant mes baisers frémissants
Sur son front, sur ses yeux, sur sa bouche divine.

Mais au milieu de notre ardeur,
Je me trouve en un cas étrange :
Celui qui s'est toujours montré supérieur,
Me prouve qu'il n'est point de bonheur sans mélange,
En me refusant son concours....
Triste début pour nos amours.

❦

Pour elle, une caresse, un mot semblent suffire,
Comme si c'était tout ce que son cœur désire,
    Et dans ses innocents transports,
Elle m'abandonnait les grâces de son corps ;
    Elle livrait ses formes abondantes
       Avec des façons ignorantes,
    Ravie, heureuse en tous ses traits,
Se doutant peu de plaisirs plus parfaits.
Mais moi, toujours déçu dans mes attentes,
Me tenant coi, ne sentant rien venir,
Je guettais le réveil du maître de plaisir.

❦

Comme je méditais sur ma mésaventure,
Bouillonnant de colère et me jetant l'injure,
    Me maudissant, me moquant de moi-même,
    D'attendre en vain l'amélioration,
    De ne savoir montrer comment on aime,
       Par comble de dérision,
Voilà que ma beauté, le sourire à la bouche,

Ferme les yeux, près de moi sur la couche....
Et la lumière vacillait
Autour de la mèche et filait.
Un long jour de fatigue, à l'ardeur juvénile
Rend le sommeil prompt et facile.

Ainsi, dans un doux abandon,
La belle enfant dormait comme dans son domaine ;
L'autre, impuissant, collé contre le fond,
L'infâme auteur de mon affront,
Fuyait la victoire certaine.
Ainsi, le voyageur, dit-on,
Consumé par la soif, au terme de sa course,
Tombe, près d'atteindre la source,
Sous la morsure du serpent.

Un rêve sur ses traits amène un doux sourire,
Et moi, dans un repos prudent,
Pour ne pas l'éveiller, à peine je respire.

Saisi d'un fait tant inaccoutumé,
Je me dis : « Ce soir donc j'apprends, je le regrette,
Pourquoi le fiancé, par la peur consumé,
Craint qu'un sort ne lui fasse un nœud à l'aiguillette.
Oui, je verrais l'enfer avec moins de souci,
    Que ma défaite et que ma honte ici !

« Au temps jadis, ah ! quelle différence !
Quand la première fois, dans la salle de danse,
M'apparut, sous le feu des lustres rayonnants,
Celle qui fit de moi le plus vif des amants.
    Comme il vibrait, mon cœur, et tout mon être !
    Dans tous mes sens, quels longs frémissements !
    Et quel bonheur de pouvoir me repaître
        D'étreintes et d'enlacements !
Je l'entraînai dans la danse rapide
Et serrais dans mes bras l'objet de mes désirs ;
    Comme un avare, au milieu des plaisirs,
Je couvais ce trésor de mon regard cupide.
Que de choses pour elle en moi se remuaient !
    Tous les esprits que la nature

Met en nous, bondissaient et se multipliaient ;
Mais avant tous, celui qu'on se figure.

« Depuis ce jour, mon inclination
Sans cesse allait croissant, jusqu'à la passion.
Vint le printemps, et j'avais ma future,
Du mois de mai la plus belle parure.
Quels délices, alors, dans nos épanchements,
Quelles expansions et quels débordements !
Et quand enfin nous fûmes à l'église,
Car il faut bien que je le dise,
De mon amour le pouvoir était tel,
Que devant le prêtre et l'autel,
Même devant ta lamentable image,
O Christ, je ne sus rester sage,
Et tandis qu'on nous bénissait,
Petit mutin se trémoussait.

« Et vous qui décoriez la couche nuptiale,
Pompeux festons ; vous, coussins spacieux ;
Vous, tapis, dont les plis soyeux

Cachaient les jeux de l'ardeur conjugale ;
Vous, volières enfin, dont les gazouillements
Jamais trop tôt n'éveillaient les amants,
Qui nous formiez si paisible entourage,
Vous connaissiez notre jeune ménage,
Elle attentive, et moi toujours dispos.

« *Et quand, effrontément, même en pleine journée,*
Nous jouissions des droits sacrés de l'hyménée,
Entourés d'épis mûrs, perdus dans les roseaux,
En maint endroit secret où je payais d'audace,
  Je pouvais instantanément,
  Toujours, partout, à tout moment,
  D'une façon très-efficace,
Faire appel au fidèle et brave serviteur !...
Ah ! maudit serviteur, que rien ne ressuscite,
Du bonheur de ton maître indigne escamoteur,
Va, tu n'es plus pour lui qu'un parasite ! »

Mais le traître est changeant d'humeur,
Insensible au mépris, comme à la réprimande,

Tout à coup, le voilà, sans qu'on le lui commande,
Se redressant dans toute sa splendeur.

❦

Il dépend donc, dès lors, du voyageur
De ne plus s'alanguir, mourant, près de la source.
Fort de la suprême ressource,
Vers la dormeuse il se penche alléché,
Pour l'embrasser. Mais voilà qu'il hésite :
Par un soudain scrupule il se sent empêché.

❦

A qui donc revient le mérite
De ce retour à la mâle vertu?
Si ce n'est à l'épouse, à jamais adorée,
Pour qui mon jeune cœur avait d'abord battu.
C'est elle qui détient de la source sacrée
Le feu pur et vivifiant. —
J'étais d'abord confus d'un rôle humiliant,
Mais puissant désormais, je me sens mal à l'aise,
Tout frémissant au charme qui me pèse,

Je me glisse dehors, doucement, doucement,
Pour me soustraire à cet enchantement.

Je m'assieds et j'écris : « C'est à la dernière heure
Que je fus retenu, non loin de ma demeure,
Et dans un lieu fort singulier,
Où, de nouveau, mon cœur a fait l'expérience
Qu'il est à toi, bien à toi tout entier.
J'ajoute, pour finir, cette obscure sentence :
« Il faut avoir affronté le danger,
« Quand on veut parler de courage. »
Dans ce journal à ton usage,
Tu trouveras maint bon passage,
Mais le meilleur devra te rester étranger. »

Voici le chant du coq. La fillette s'élance
Rapidement à bas du lit,
En jetant derrière elle un coup d'œil interdit.
Elle a honte de sa présence
Et met à s'habiller beaucoup de diligence.

*Vite elle a disparu. D'un long regard encor
Le voyageur poursuit la belle créature.
En bas, le postillon fait résonner son cor.
    Je me jette dans la voiture
      Et vais chercher, le cœur content,
Ma récompense au foyer qui m'attend.*

    *Et maintenant, puisque dans tout ouvrage
    De la morale on veut voir la leçon,
    Très-volontiers, suivant ce vieil usage,
    Je vous dirai de mes vers la raison :
    Il nous advient, dans notre humain voyage,
    De trébucher de plus d'une façon.*
*Pour qui veut marcher droit, le Devoir est bon guide ;
Un meilleur est l'Amour, quand il nous tient en bride.*

IMPRIMÉ
LE PREMIER AVRIL MIL HUIT CENT QUATRE-VINGT-UN
A 200 EXEMPLAIRES

VIGNETTES AUTHENTIQUES DU COMMENCEMENT DU SIÈCLE

ENCADREMENTS
FONDUS A NOUVEAU SUR LES ANCIENNES MATRICES

EAU-FORTE DE J. LÉVY

www.ingramcontent.com/pod-product-compliance
Lightning Source LLC
Chambersburg PA
CBHW060617050426
42451CB00012B/2290